Poesia Original

CASCA FINA CASCA GROSSA

Casca fina **Casca grossa**

LILIAN ESCOREL

Poemas

1ª edição, São Paulo, 2020

LARANJA ● ORIGINAL

AGRADECIMENTOS

Sinto-me agraciada por andar em tão boa companhia neste livro. Colheita do que fiz e faço no mundo das letras, a poesia caiu no meu colo meio a sério, meio de brincadeira. Começou numa pesquisa de doutorado e se embrenhou na minha existência como brinquedo, desfatigando-me dos ossos do ofício de ser alguém na vida. Convidou-me a ser simplesmente. Dasein. *Pus os pés dentro dela e do fazer literário, sem mais pedir licença. Agora, com toda humildade, eu só peço passagem e alguma camaradagem. Em troca, para minha surpresa, recebi e venho recebendo doses altas de generosidade e amizade franca nesse domínio do fazer artístico. É o resultado deste volume.*
Aos mestres do passado e aos de hoje, minha sincera reverência: Mário de Andrade, o abre-alas. Com eles, vou colecionando, e colacionando, uma "poetagem bonita", sem qualquer método nem hierarquia, senão a vontade de penetrar no reino das palavras: Ana Cristina César, Fernando Paixão, Pedro Marques, Ricardo Lima,

Paulo Leminski, Vilma Arêas, Annita Costa Malufe, Mariana Ianelli, Alice Ruiz, Cássia Janeiro, Diana Junkes, Ana Martins Marques, Bruna Mitrano, Ana Elisa Ribeiro, Prisca Agustoni, Marcia Vinci, Cristiane Rodrigues, Dalila Teles Veras, Cecilia Furquim, Joaquim Antonio Pereira Sobrinho, Augusto Massi, Angélica Freitas, Beto Furquim, Djami Sezostre, Edimilson de Almeida Pereira. Uma legião de poetas muito vivos em nosso país, parte deles alinhavada e conectada em vozes e versos por Tarso de Melo e Heitor Ferraz Mello desde a desvairada capital paulistana. Tarso e Cristiane, preciso sublinhar, me devolveram a mim em suas leituras penetrantes e certeiras.

Filipe Moreau, por fim, concretizou o meu sonho, fazendo-me entrar, com grande honra, no rol dos autores e livros editados sob a sua batuta na Laranja Original.
Evoé!
Laus Deo!

Para Bilê Tatit Sapienza, que me ninou em *Dasein* e ouviu nascer os meus primeiros poemas. Com santa e curativa paciência.

PREFÁCIO

CRISTIANE RODRIGUES DE SOUZA

Quem conhece Lilian Escorel pessoalmente não deixa de notar o sorriso claro, a revelar a alegria genuína da escritora, ao lado do carinho e da atenção que dispensa a todos que a cercam. Ler o seu primeiro livro de poesia é conviver com esse sorriso, parecido com aquele que vemos nas fotos de Mário de Andrade — "um poeta/ amigo", como diz Lilian, ao reconhecer a amizade construída nos vários anos em que a pesquisadora, com atenção, voltou-se ao estudo da obra do modernista. Alcides Villaça em vídeo gravado para a Flip de 2015 afirma que, para Mário, "ou as coisas são verdadeiras ou não fazem sentido", tendo, ainda jovem leitor, encontrado em sua correspondência "uma verdade que [...] queria que fosse também [a dele]" (VILLAÇA, 2015). Essa verdade está nos poemas de *Casca fina* **Casca grossa**. Lilian e Mário se parecem.

Versos do modernista abrem o livro, como epígrafe. Nela, está a última parte do poema "Danças", de 1924, interrompida, no entanto, e retomada ao fim do volume, envolvendo-o numa espécie de círculo . O poema de Mário, se tem algo da ironia de quem, ao dar de ombros, na verdade, denuncia problemas sociais e questões que angustiam o ser, instaura ainda um espaço singular, em que o pensar racional é substituído pelo gesto do corpo e pela lembrança da época ingênua — "Eu danço manso, muito manso,/ [...] Só não penso...// Quando nasci eu não pensava e era feliz...// Quando eu nasci eu já dançava" (ANDRADE, 2013, p. 311). Assim, por meio da epígrafe, Lilian anuncia traços da própria poética, marcada pelo gesto de quem baila num outro modo de ser, escolhido por quem sabe que "pensar é estar doente dos olhos" (PESSOA, 2016, p. 26), retomando, pela memória, momentos do passado e tocando questões fundamentais do ser humano.

Como lembra Valéry, a dança

> [...] não é apenas uma ação do corpo enquanto um conjunto, mas ação transposta em um mundo, em uma espécie de espaço-tempo, que já não é bem o mesmo que o da vida prática. (VALÉRY, 2011, p. 3). [Nela,] a pessoa que dança se fecha, de alguma maneira, em uma duração que ela mesma engendra, uma duração toda feita de energia imediata [...]. Ela é o instável, ela propicia o instável, exige o impossível, abusa do improvável, e, por força de seu esforço para negar o estado normal das coisas, ela cria a ideia na mente de um outro estado, uma condição excepcional [...]. (*Ibid.*, p. 7-8).

Assim, numa dança de versos, o livro de Lilian abandona "o estado normal das coisas" (VALÉRY, op. cit., p. 8) e nos convida a participar do espaço-tempo da poesia. Ao fazer isso, recupera ainda o tom da primeira hora modernista, trazendo aos poemas o cotidiano, a fala corriqueira, o humor, sem, no entanto, perder o lirismo, mas, ao contrário, encontrando-o no imprevisto, no lúdico e no inesperado, construídos por meio da técnica precisa, capaz de fazer nascer o encanto e o susto.

No poema de abertura, a poeta, como Carlos Drummond de Andrade, ouve ao nascer a fala de um anjo um pouco estabanado: "vai ficar sem ar/ vai tropeçar/ cair". Logo depois, as declarações súbitas do eu — "sofro de aerofagia" e "tenho os pés tortos" — levam susto e beleza ao poema. Nele, o eu lírico anuncia a escolha da liberdade, desde criança, ao lembrar ter recusado os tratamentos quase militares para os pés tortos, na infância, semelhante ao que fez Mário de Andrade em *Losango cáqui* (1926) ao driblar a rigidez militar, em busca da beleza. A poeta é a menina que dança com os pés "meio bambos/ meio firmes" e que vive "tropicando", *gauche*, pois tem os pés "para dentro/ esquerdos". Ainda bem, porque é no abismo do cair que ela corre o risco de topar consigo mesma, como desejava Mário de Andrade — "Mas um dia afinal me encontrarei comigo..." (ANDRADE, 2013, p. 295).

Se no primeiro poema a condição do corpo é a condição da poesia, em "Língua", ao tentar falar — ou criar —, a poeta morde o órgão físico. Por meio desse poema, percebemos que, na construção do poético, está a fala e também o erótico das "palavras em cio". Como lembra Barthes, "a palavra pode ser erótica [...] se for inesperada, suculenta por sua novidade" (BARTHES, 2013, p. 51), como a expressão "a puta que as pariu", que arremata os versos. Assim, Lilian Escorel experimenta o prazer do texto, feito do gostar, do fruir e do ócio, numa escritura que não esquece o som da voz alta, em busca talvez do que o estudioso chama de "grão da voz, misto erótico de timbre e de linguagem" (BARTHES, op. cit., p. 77), assumindo o domínio preciso dos versos, em que a sonoridade dos fonemas e o ritmo são trabalhados de forma intensa. Barthes está presente ainda em "Texto", em que Lilian define o poema como desejo, "sexo tecido", "textura":

> Texto quer dizer Tecido; [...] o texto se faz [...] através de um entrelaçamento perpétuo; perdido neste tecido — nessa textura — o sujeito se desfaz nele, qual uma aranha que se dissolvesse ela mesma na [...] teia. (BARTHES, 2013, p. 74-5).

Numa sobreposição de ideias, o labirinto de Ariadne também define o literário: no poema "Literatura", em que, se o texto poético é "cura/ atadura/ labirinto", é também o Minotauro que o habita, definido ainda pela "letra de câmbio", lugar de troca, que pede o tecer ou o fazer poético — sua "fatura".

A textura poética está também na própria pele do eu lírico, que, como a serpente, pode existir na intersecção entre a "pele grossa/ antiga" e a nova — *casca grossa casca fina* — "cobra que foi/ cobra que ficou/ sou eu em mim// agora sim". A mistura que compõe o eu está anunciada ainda no poema "Pão em casa", em que a poeta se prepara para deglutir os opostos que compõem o pão, como quem comunga, num ato religioso, o "miolo/ preto/ e branco/ [a] casca/ fina/ e grossa", aproximando-se da poética marioandradina, marcada pela sobreposição de opostos.

Apesar de o livro não ser organizado por meio de divisões em partes, sendo formado por um só conjunto de poemas, a presença da segunda epígrafe, depois dos oito primeiros textos, sugere separação entre o início , em que a poeta se apresenta e tece poemas em torno do fazer poético, como vimos, e o bloco final. A citação de Sylvia Molloy antecipa questões importantes da poesia de Lilian, já que faz referência à mistura de idiomas que marcou a infância da escritora argentina radicada nos Estados Unidos. Como Sylvia no livro *Viver entre línguas*, Lilian sobrepõe idiomas diferentes em seus versos, assim como retoma termos ouvidos na infância e episódios guardados na memória; mas, como os modernistas, ao fazer isso, mostra consciência da mistura que forma o brasileiro e a sua própria genealogia. Assim, nos versos de *Casca fina **Casca grossa***, na dança de diferentes línguas, tudo é mistura: a memória e o hoje, o outro e o eu, numa busca de si mesmo, anunciada já no título do livro, que ressalta a coexistência de opostos.

No poema "Glossolalie", termo que aparece no lugar de glossolalia, a poeta brinca com a invenção de palavras, aproxima sons, retoma falas da memória. À maneira modernista, o popular "cá cá cá" ressoa em "carcará", se transforma em "cocoricó", que rima com "carijó". A aproximação dos fonemas em português, do Brasil, e em francês — "qui qui qui" e "oui oui oui" — faz voltar à memória a tia de ascendência francesa — "os ares de aristocracia da minha família materna..." —, enquanto a poeta se afirma "mestiça/ cafuza/ confusa". Assim, se em "Danças", de Mário de Andrade, o galicismo presente na sociedade brasileira é ironizado — "Choras que os outros não te compreendem?/ Fala francês que te entenderão" (ANDRADE, 2013, p. 306) —, nos poemas de Lilian a língua francesa aparece ligada à memória e ao afeto. Ao lado da retomada do francês, idioma usado integralmente no último poema do livro, "Saída à francesa", a presença de trechos em inglês e em espanhol em outros poemas do livro reforça o plurilinguismo que marca a poeta.

Expressões em outros idiomas espalhadas pelos poemas trazem também a intertextualidade, outro traço importante do livro de Lilian. No bonito "Travelling", por exemplo, o trecho *"ain't no sunshine when she's gone"* faz referência à música de Bill Withers, ouvida pelo eu lírico no rádio do carro, enquanto a poeta, numa linguagem cinematográfica — "corte:/ uma seta de lágrima/ fecha no meu rosto/ e eu sigo" — retém nas retinas a imagem da mulher que passa no coletivo, num encontro de iguais. Da mesma forma, em outro poema, o eu se percebe no outro ao ter pena da cadela "Francisca", sempre a "pedir licença", descobrindo, na pena que sente pelo animal, a dor de si mesma — "dá uma pena.../ de mim?". Assim, na procura de si está o outro, necessário na construção da poesia e presente ainda nas vozes de Ana Martins Marques, Eduardo Jorge, Chico Buarque, Vinícius de Moraes, Casimiro de Abreu e Guimarães Rosa. Afinal, retomando a fala de Mário de Andrade presente no "Prefácio interessantíssimo", de *Pauliceia desvairada* (1922), a poeta sabe que a tradição reinventada é a responsável pela constituição do eu — "já repararam como eu costumo andar sozinha?".

A busca do eu está também na retomada do passado empreendida nos versos. Como Sylvia Molloy, a menina de pés "esquerdos" retoma episódios de sua vida, como as brincadeiras infantis — "eu de frente/ eu de costas/ fogo foguinho/ queimou" ou "ordem/ seu lugar/ sem rir/ sem parar/ uma mão/ a outra" —, brincar que, como na obra de Mário de Andrade, se mistura ao erótico — "nós quatro/ no quarto/ tirando uma boa casquinha". Afinal, como afirma a poeta, a batida do coração faz "abrir a cancela/ do sentimento [...]" e aciona a memória, assim como a dança da roca — "a roca bole [...]/ gira a roda" — "espeta a memória" e faz renascer o sabor do bolo de rolo, doce nordestino feito pelo avô paulista, de Jacareí — "ah! O rocambole da minha infância...".

O olhar do eu, ao procurar a si mesmo, encontra na cidade a dança dos carrinhos de cachorro-quente que, ao lado de outros transeuntes, formam a metrópole múltipla, feita de contrários. A observar a paisagem arlequinal de São Paulo, composta de "losangos desvairados" marioandradinos, o eu se mistura à dança dos homens com baixa condição social que buscam a sobrevivência. Compondo a cena, está, em outro poema, a imagem da mulher com "perfil duro", semelhante à aristocrática Maria do grupo de poemas "Tempo da Maria", de Mário de Andrade, publicado em *Remate de males* (1930). Ela, ao lado da dança dos carrinhos, forma a contradição da paisagem múltipla, já que representa as mulheres que se submetem à rigidez imposta pela sociedade, que passam a buscar o padrão de beleza distante da origem africana, pois vive a domar os cabelos num coque/croque diário feito com muito laquê.

O eu lírico, ao contrário, marcado pela liberdade, ao buscar se mirar em algum espelho como Narciso — "eu vi oxum/ no espelho/ de mim" —, retoma o ritmo africano, caro a Mário de Andrade, assim como a imagem da orixá estudada pelo modernista, tradição que, em Lilian, aparece sobreposta, num sincretismo, ao trecho da bíblia cristã. Se a figura de Narciso marca a escrita de Mário, sua presença também se delineia nos versos de Lilian. No entanto, a descoberta de si mesma está na rapidez e na fugacidade da fotografia digital — "ah, que susto!/ ela era euzinha/ minha selfie/ capenga e pequenina". Dessa forma, na busca da compreensão do próprio ser, o eu lírico dos versos de Lilian faz ressoar a pergunta que está nos poemas "Danças": "Mas que sou eu?" (ANDRADE, 2013, p. 307).

Assim, no livro de Lilian Escorel, a busca do eu por si mesmo, entrevisto na mistura, instaura o espaço-tempo da poesia, em que os poemas de Lilian se constroem como resistência e bailado sob a música dos versos. Como no trecho de Mário de Andrade usado na epígrafe e no fim do livro, percebe-se na poesia da escritora a existência da dor humana, explícita, por exemplo, nos poemas de amor, que falam da ruptura, dos desafetos e do medo. No entanto, apesar de consciente dos dilemas e das dificuldades da vida, o eu lírico, no sorriso aberto, continua sua dança. Até mesmo na despedida, no último poema do livro, ao retomar canções de Serge Gainsbourg, numa "saída à francesa", a poeta leva aos versos o saracoteio da música que, ao falar do término amoroso, não perde o embalo dos passos e da dança — "et je danse la javanaise".

Referências bibliográficas

ANDRADE, Mário de. *Poesias completas*. 2 v. Edição de texto apurado, anotada e acrescida de documentos por Tatiana Longo Figueiredo e Telê Ancona Lopez. Rio de Janeiro: Nova Fronteira, 2013.
BARTHES, Roland. *O prazer do texto*. Tradução de J. Guinsburg. São Paulo: Perspectiva, 2013.
PESSOA, Fernando. *Obra poética de Fernando Pessoa*. Rio de Janeiro: Nova Fronteira, 2016.
VALÉRY, Paul. Filosofia da dança. *Percevejo Online*: Periódico do Programa de Pós-Graduação da UNIRIO. Tradução de Charles Feitosa. Rio de Janeiro, v. 3, n. 2, p. 1-16, ago-dez, 2011.
VILLAÇA, Alcides. *Pílula FLIP 2015 – Alcides Villaça*. 2015. Disponível em: <https://www.youtube.com/watch?v=PAaxLilEWJw>. Acesso em: 18 nov. 2019.

EU DANÇO!

Eu danço manso, muito manso,
Não canso e danço,
Danço e venço,
Manipanso...
Só não penso...

Quando nasci eu não pensava e era feliz...

Quando nasci eu já dançava,
Dançava a dança da criança,
Surupango da vingança...

Dança do berço:
Sim e Não...
Dança do berço:
Não e Sim...
A vida é assim...
E eu sou assim.

Mário de Andrade

AUTORRETRATO

quando nasci
um anjo estabanado
de asa quebrada
veio assoprar
no meu ouvido
e disse:

vai
vai ficar sem ar
vai tropeçar
cair

sofro de aerofagia

palavra que ouvi
me atribuírem
quando menina
por viver abrindo a boca
comendo ar

o ar que falta
é o medo
meu companheiro
e o encanto
diário com
este milagre
de vida

tenho os pés tortos

na infância
me recusei a usar
botas corretivas
e a seguir
um treinamento militar
de dormir com os pés
virados para fora
dentro de outras botas
presas a uma
tábua de madeira

preferi a liberdade
dos meus pés
para dentro
esquerdos

dormi num berço
até os sete anos
idade em que também
parei de molhar
os lençóis

dormir no berço
até os sete anos
não foi escolha minha
foi sim
transformar suas grades
em barras de balé
para os exercícios
ortopédicos
do pé

e eu fazia os exercícios
diligente
toda noite
depois do banho
como se fossem aqueles
que eu sugava
nas aulas de dança
da minha irmã
mais velha

nas grades do berço
eu virava a bailarina
que nunca fui

hoje
amante das palavras
engulo menos ar
tenho os pés
menos tortos
meio bambos
meio firmes

eu vivo tropicando

um dia afinal toparei comigo
disse
não o anjo estabanado
mas um poeta
amigo
num desses sustos

encantados
em que

c   a   i   o

p
  o
    r

    a
    í

PÃO EM CASA

pão nosso na mesa
santificados sejam
teu miolo
preto
e branco
tua casca
fina
e grossa
dá-nos
substância
sensibilidade
e coragem
agora e na hora
de nossa sorte
todo dia

paz e amor
me faz o favor

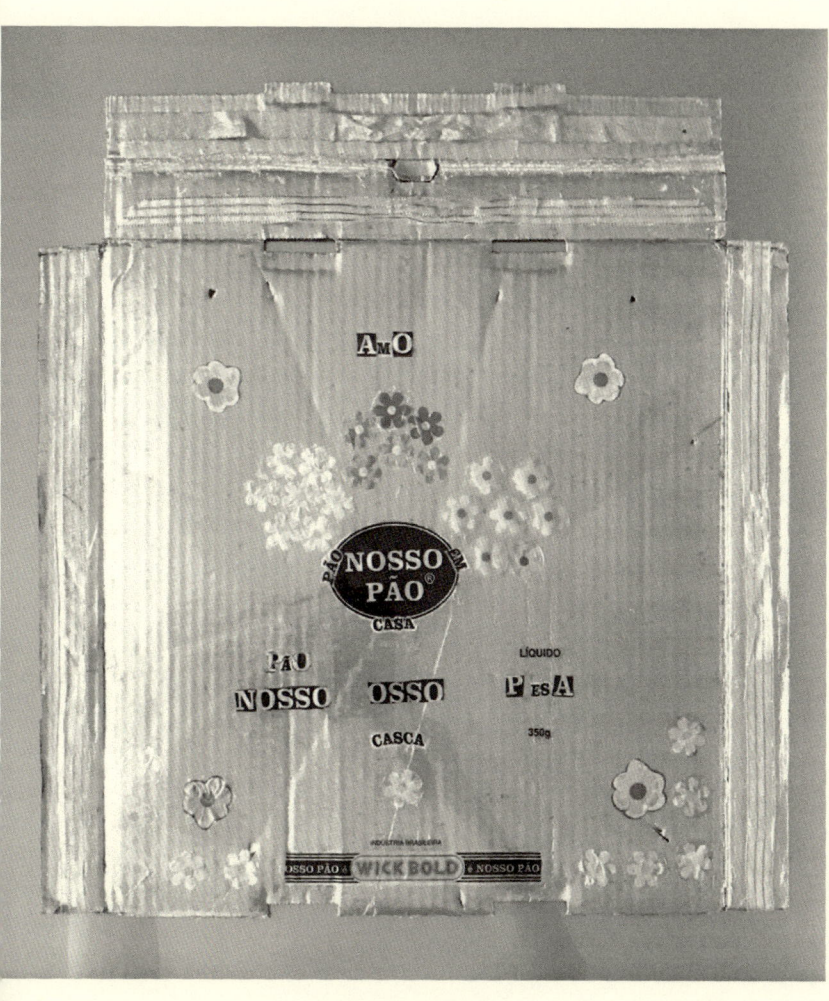

poema-retábulo

LÍNGUA

por amor de dizer
eu mordi a língua

hostia, tio!
ostras...

palavras no cio

ociosas
caprichosas
gostosas

a puta que as pariu

PALAVRA

entinta a página
impressa
bit
na digital

em ambas
meu teatro

artefato

te dou minha palavra

TEXTO

desejo textual
textura
sexo tecido
sentido
tessitura

o prazer do texto
isto não fui eu quem teceu

LITERATURA

cura
atadura
labirinto

meu minotauro

letra de câmbio
eis a fatura:

TROCANDO DE PELE

a serpente rasteja
se esfrega
troca de pele
e cresce
a vida inteira

eu estou trocando de pele
uma pele grossa
antiga
que já não presta mais

a cobra leva catorze dias
eu levei anos inteiros
jogo a minha casca velha
e visto esta nova

cobra que foi
cobra que ficou
sou eu em mim

agora sim

ECOLALIAS

Cada vez com maior frequência eu me surpreendo repetindo frases inanes, pedacinhos de falas semiesquecidas, frases absurdas oriundas de lugares comuns que ficaram na minha memória, ou de músicas que lembro vagamente, ou de palavras que eu e minha irmã inventávamos quando crianças e nas que combinávamos os idiomas que sabíamos com aqueles que mal tínhamos uma ideia, [...]. Pergunto-me qual será a língua da minha senilidade — se ela me pegar — e em que língua morrerei.

Sylvia Molloy

GLOSSOLALIE

cá cá cá
qui qui qui
ah! oui oui oui

glossolalie

dom de falar línguas
fusão de sons em palavras
ininteligíveis

será?
o cacacá
quiquiricando no ouvido
pinica a memória
e acorda tia Quiquita
que nem bem conheci

minha ascendência francesa

ah! oui oui oui

vovó Elza e as irmãs Pariz
que c'est chic!
os ares de aristocracia de minha família materna...

mas onde é que foi parar?
jacaré jacareí
pois eu sou é brasileira

mestiça
cafuza
confusa

carcará
pega mata e come
cócoricó
o galo tem saudade
da galinha carijó

ROCAMBOLE

a roca bole
bole bole
gira a roda
fere o dedo
gira a cabeça
espeta a memória

rocambole
bole gostoso
delicioso
ah! o rocambole da minha infância...

que saudade me dá
me bole aqui dentro
e enche a minha boca d'água
do gosto de pão-de-ló
com goiaba e açúcar

rocambole do meu avô
que bulia na massa
e assava e enrolava
lá em casa
o bolo de rolo
só pra mim

MEU TEMPURÁ

picar
temperar
misturar

refogar
esquentar
tampar

esperar

este meu temporal
que o tempo apura e dá

um bom tempurá

BATIMENTAL

aqui dentro
bate um coração

bate bate
late late

sente

tão sentido
que rebate
na mente
e esta, em sentinela
abre a cancela
do sentimento batido:

brinquedo de bola
na infância:

ordem
seu lugar
sem rir
sem parar
uma mão
a outra
trás com frente

queda

viver é perigoso

OBJETOS DESAFETOS

objetos traem desejos à sombra
trazem desejos à luz

uma calça no porta-malas
o vestido naquele prego
sapatos esquecidos em outra rua
desferem no peito
o golpe certeiro
do amor alheio

cupido ao avesso
o objeto daquele prego
prega sua peça e
atravessa o coração
bem no meio
flechando-lhe o amor próprio

próprio do quê?
próprio de quem?

o amante acorda
está despido
aquela calça
aquele vestido
os sapatos
vestem outros corpos
desnudam um amor cindido

CORREIO ELEGANTE

et pourtant
eu porto
este desejo
redivivo
que envio
ao destinatário
num envelope
encarnado
e bem lacrado
por posta-restante.

o assunto: "amor e medo".
o destino: meu desabrigo

NÓS

porque era ele
porque era eu
porque éramos nós

nós atados
emaranhados
que a vida
repetida
num desacato
desatou

mas por que mesmo?
eu me esqueci...

porque era ele
porque era eu
alguém já escreveu isso...

FEAR OF MISSING OUT

somos
como
sempre
fomos
cromossomos
carentes
conectados
hoje
em faces
virtuais
de disfarces
do eterno
medo
de ficar
de fora

somos
como
sempre
fomos

fome

MEU COMPANHEIRO

café passado no filtro
forte
preto
bem quente
com pão e jornal
toda manhã a dose de despertar

café expresso
puro
curto
coffee break
pause café
escape
toda tarde a dose de rememorar

E o cafezinho?
Não tem.
Ah! um cafezinho... fresquinho nessa hora.
Não tem.
Hum... Tô sentindo um cheiro de cafezinho...
Nesta casa, não tem cafezinho depois do almoço.
Isto era na casa da sua mãe.
E o cafezinho, heim?

café pequeno
meu companheiro
afeto vivido
carinho roubado

em histórias de família
todo dia a dose de imaginar

passar no filtro
o tempo
e uma conversa fiada

TEMPO VERBAL

já passou
não foi nada
simplesmente passou
passado perfeito
mais que perfeito
uma vida inteira
consagrada
revirada
ao passado passado

tudo passa
e ela continua passando o vestido

LAQUÊ(A)DURA

levanta os braços
empina o rosto diante do espelho
passa a escova no cabelo
e puxa os fios para cima
prendendo-os num coque bem estruturado

para segurar o penteado
pega o fixador e o esborrifa nos fios
que sustentam o artesanato armado

levanta-se da cadeira em frente à penteadeira
confere a imagem refletida
aprova o perfil duro
e sai

esguia confiante confinada
uma laqueadura de mulher
em fios domados
em litros de laquê vaporizados
num croque diário
bem no alto da cabeça

FIXAÇÃO

Fix

(O)

Su

Fi

Xo

SUFI

Fixa(fa)da no su(r)fista prateado

TRAVELLING

o rosto da mulher
vai grudado no vidro
do coletivo

os olhos pregados
do dia de trabalho
viajam longe

é tarde
fim da jornada
a mulher conduzida
desliza devagar
transversal

em *travelling*

atravessa o cruzamento
e minha retina
onde sua imagem
persiste
em plano fixo

o sinal se abre
no rádio o verso entoa e coa:
"ain't no sunshine when she's gone"
"gone"

corte:

uma seta de lágrima
fecha no meu rosto
e eu sigo

travelling

SELFIE

vendi a alma pro diabo
vesti a máscara de Narciso
e me escafedi no
cafundó de Judas
em busca de mim

só que ali, bem ali
o que achei foi ela
facinha facinha
exibida e faceira
feiticeira de múltiplas
facetas de si mesma

ah, que susto!
ela era euzinha
minha selfie
capenga e pequenina

sorri
estava sendo filmada

CINDERELA

ela está sentada
como sempre
à mesa de um
café

o café é
o compasso de espera
para o dia
que ela sempre adia

tomar coragem
e atravessá-lo até o fim

pega o livro de poesia
Como se fosse a casa
(uma correspondência)
entre Ana e Eduardo

começa com Ana
quando sente a presença
de um homem
que coloca
um sapatinho sem par
sobre a janela aberta
e diz:

"Alguém deve tê-lo esquecido."

o sapatinho é de crochê
bem fino

enquanto pensa nisso
passa uma mulher
bela
a tez negra
esgalga
os cabelos longos
alisados

para à janela
sorri para ela
pega
o crochezinho
e se esvai

o café chega
bebe a leitura
agora com Eduardo
como se fosse a casa

se essa casa
se essa casa fosse dela...
ah! ela
Cinderela
só no sapatinho
com pedrinhas
com pedrinhas de brilhante

BRINCO DE PRINCESA

meu brinco, cadê?

procurou, procurou e não achou
guardou o par sem par
e dele nem mais se lembrou

até que na lida diária
jogando a comida
do cão
ei-lo de volta
no prato
em meio aos grãos

ah, que vida imprevista!
um dia sumida
no outro achada

do lóbulo caído
desemparceirado
foi lá
bem lá
no saco de ração
que o brinco foi parar

brinco de princesa
vida de cão

ESPERA-MARIDO

moreno bonito
na rua
lendo jornal
tomando café
fumando cigarro
na soleira da porta
de bicicleta
o olhar furtivo

quem é você
que aparece
intermitente
na cena da vida?

será
João   Manuel
Mário   José
será o   Benedito?

quem é você
doce objeto do desejo
espera-marido
em exposição
nas vitrines
das doceiras vizinhas
do dia a dia?

MATRIMÔNIO

com quantos paus
um homem
faz uma canoa?

e uma mulher
feliz
a sovar-lhe a roupa
todo dia
no tanquinho
sonhando
a barriga
tanquinho
que não tem?

um tanque cheio
de roupa
suja

com quantos paus
um homem
entorna uma canoa?

POEMA DE AMOR

te quero
tanto tanto
meu amor
que te belisco assim
muito a gosto
em etapas
pouco a pouco
como se fosses
tapas muy sabrosas

mas, cuidado,
cariño,
que em tema de amor
tapas assim
muy picantes
migram de território
se aclimatam em língua nova
e viram tapas, sem mais,
muy amargos
golpes físicos mortais

BRINCADEIRA A DOIS

batem-se as portas
fecham-se os quartos
em suas bagunças internas

vamos, vamos lá fora!
respirar o ar
pisar o chão
abrir o osso externo
num corpo a corpo

depois voltamos à casa
reabrimos os quartos
arrumamos as camas
e ventilados
num copo a copo
brincamos

POEMA DE SEGUNDA

vira vira
feito vira-lata na vida
vai vai
num indo e vindo
revirada
gozada
passada
de trás pra frente
pelo avesso
revira e volta
revolta em viravoltas
a sulcar-lhe a lida
com pontos de virada
e de partidas

qual a saída?
se vira

FRANCISCA

Francisca Francisca,
o olho tão baixo
o rabo entre as pernas
pedindo licença
rastejas sempre
és tão meiga
dá uma pena...
de mim?

Chica da Silva,
Chiquita bacana
Quica Quiquita
Françoise Francesca
tens medo?
de mim?

pedes tanto carinho
e eu dou só um pouquinho...
terás sido enjeitada?
por mim?

vamos lá
minha amiga
escudeira fiel
vamos coragem
juntas

franciscanas
havemos de dar um jeito
nesta vida sem jeito

PEPA E PEPO

era um casal
de periquitos
que vivia
a se bicar

bica daqui
bica dali
todo dia
toda hora
era a Pepa dando no Pepo
um chega pra lá

até que um dia
ele se foi
misteriosamente

e ela ficou só
imperiosamente
dona do próprio bico

PIEUSE

abre o bico
canora
e estala um
dó de peito
que expira
num
dó de barriga

nossa senhora
sonora
das dores!

ai que dó!
ai que dor!

expiai-nos
de tanto mal

ASSANHAMENTO

está indo para a biblioteca
olha para a porta de vidro
e vê na rua
três homens empunhando
carrinhos de cachorro quente

correm numa dança sincronizada
geométrica
e inclinados sobre os carrinhos
desenham uma diagonal

ela, no alto do apartamento,
traça com eles uma perpendicular
e os segue num passo apressado

os três homens correm atrás do dinheiro
ela corre atrás do saber

é carnaval
os blocos desfilam na rua
losangos arlequinais
desvairados

são corpos assanhados
em tempo de dar adeus à carne

carnem levare

depois vem a quaresma

A FIM DE VOCÊ

corpos afins
em almas afins
de traçar
nos confins
a geografia do seu e do meu
corpo

corpus christi

o meu tempo é quando
dá vontade
dá saudade
alguma imaginação

e de repente
não mais que de repente

dá pé

o meu tempo é quando
eu me lembro
das pedras no meio do caminho
dos calos que apertam
no sapato

e não dá pé

sobre isto :
. . . .!
eu não dou mais de bandeja

já repararam como eu costumo andar sozinha?

MAIS DE MIM E DE NÓS

eu sou
soul
só
so
ham
babélica
um nó

isto
que é um misto
disto
e daquilo

nós

quatro
eu com ele
eu sem ele
nós por cima
nós por baixo
eu de frente
eu de costas
fogo foguinho
queimou

nós quatro
nem por cima
nem por baixo

só de costas
roça roça
soul makossa
kossa kossa
cosquinha

nós quatro
no quarto
tirando uma boa casquinha

JEU DE MOTS

sarabanda

eu sirigaita
saio de banda
saracoteio
estou de saco cheio

deu siricutico
com tico-tico no fubá

saravá

eu vi a banda passar

ilu obá de min

eu vi oxum
no espelho
de mim

serafim
será o fim?

"Então, um dos serafins voou para mim, trazendo na mão uma brasa viva, que tirara do altar com uma tenaz; com a brasa tocou a minha boca e disse: Eis que ela tocou os teus

lábios; a tua iniquidade foi tirada, e perdoado, o teu pecado."
(Isaías 6.6-7)

tende piedade de mim

SAÍDA À FRANCESA

mots dits
je m'en vais
car moi
je suis mauvaise
et je danse la javanaise
bien à moi
bien française
modiste
tout à fait
maudite

avec Gainsbourg.

... ela dançava porque tossia...
Outros dançam de soluçar...
Eu danço manso a dança do ombro...
Eu danço... Não sei mais chorar!...

Mário de Andrade

ÍNDICE

Prefácio 11

Autorretrato 21
Pão em casa 25
poema-retábulo 27
Língua 29
Palavra 30
Texto 31
Literatura 32
Trocando de pele 33
Glossolalie 37
Rocambole 39
Meu tempurá 40
Batimental 41
Objetos desafetos 42
Correio elegante 43
Nós 44
Fear of missing out 45
Meu companheiro 46
Tempo verbal 48
Laquê(a)dura 49
Fixação 50
Travelling 51
Selfie 53
Cinderela 54
Brinco de princesa 56
Espera-marido 57
Matrimônio 58
Poema de amor 59
Brincadeira a dois 60
Poema de segunda 61

Francisca 62
Pepa e Pepo 64
Pieuse 65
Assanhamento 66
A fim de você 67
o meu tempo é quando... 68
Mais de mim e de nós 69
Jeu de mots 71
Saída à francesa 73

TÍTULOS DESTA COLEÇÃO

Quadripartida
PATRÍCIA PINHEIRO

couraça
DIRCEU VILLA

Cartografia do abismo
RONALDO CAGIANO

© 2020 por Lilian Escorel
Todos os direitos desta edição reservados à Laranja Original

www.laranjaoriginal.com.br

Editores   Filipe Moreau e Germana Zanettini
Projeto gráfico   Marcelo Girard
Produção executiva Gabriel Mayor
Diagramação   IMG3

Dados Internacionais de Catalogação na Publicação (CIP)
(Câmara Brasileira do Livro, SP, Brasil)

Escorel, Lilian
  Casca fina casca grossa / Lilian Escorel. –
1. ed. -- São Paulo : Laranja Original, 2020.

ISBN 978-65-86042-04-7

1. Poesia brasileira I. Título.

20-34058   CDD-B869.1

Índices para catálogo sistemático:

1. Poesia : Literatura brasileira B869.1

Maria Alice Ferreira - Bibliotecária - CRB-8/7964

Laranja Original Editora e Produtora Ltda.
Rua Capote Valente, 1198
05409-003 São Paulo SP
Tel. 11 3062-3040
contato@laranjaoriginal.com.br

Papel Pólen Soft 80 g/m² / *Impressão* Forma Certa / Março 2020